Lesefreunde 2

5-Minuten-Training
Richtig lesen

Erarbeitet von
Irene Hoppe

Cornelsen

Lesefreunde 2

5-Minuten-Training
Richtig lesen

Erarbeitet von
Irene Hoppe

Redaktion: Julia Lauber, Mirjam Löwen
Illustrationen: Barbara Schumann S. 7, 12, 13, 29, Uta Bettzieche S. 1, 3, 8, 15, 22, 33 u.re., 43, 47-48, 56, 59 (Hund, Detektiv, Kapitelvignetten), Christa Unzner S. 19-20, 31-32, 38, 46, 53-55, 58, 60
Umschlaggestaltung: Cornelia Gründer, Corngreen GmbH, Leipzig; Christa Unzner (Illustration), Uta Bettzieche (Hund, Detektiv)
Layoutkonzept: orangerie – grafikdesign, Berlin
Layout: tritopp, Berlin
Technische Umsetzung: Reemers Publishing Services GmbH, Krefeld

www.cornelsen.de

1. Auflage, 1. Druck 2024

Alle Drucke dieser Auflage sind inhaltlich unverändert und können im Unterricht nebeneinander verwendet werden.

Druck: AZ Druck und Datentechnik GmbH, Kempten

ISBN 978-3-464-80277-9

PEFC
PEFC/04-31-2260

PEFC-zertifiziert
Dieses Produkt stammt aus nachhaltig bewirtschafteten Wäldern und kontrollierten Quellen
www.pefc.de

DAS KANN ICH SCHON

1 Lies die Satztreppen immer schneller.

Nala liest gespannt.
Nala liest gespannt ein Gruselbuch.

Levi und Lea lachen über Witze.
Levi und Lea lachen über Witze im Lesebuch.

Anton staunt über die Wale.
Anton staunt über die Wale in seinem Tierbuch.

Lisa und Moritz singen ein Lied.
Lisa und Moritz singen ein Lied aus dem Liederbuch.

2 Wie viel Zeit hast du für das Lesen gebraucht?

beim 1. Mal

___ min ___ s

beim 4. Mal

___ min ___ s

3 Wer liest was? Verbinde.

Anton	Liederbuch
Moritz	Tierbuch
Lea	Gruselbuch
Nala	Lesebuch

1 Verbinde zwei Silben zu einem Wort.

der		die		das	
Kul		Te		Schul	
Kla	ber	Tro	sche	Schal	brot
Kle		Ta		Schreib	

2 Was gibt es in der Schule? Kreuze an.

☐ Tarn hal le	☐ Mau sen hof	☐ Klas sen raum
☐ Turn hal le	☐ Pau sen huf	☐ Klas sen baum
☐ Turn hol le	☐ Pau sen hof	☐ Klas ten raum

3 Markiere alle Wörter mit **Sch** und **sch**.

Alle Schülerinnen und Schüler arbeiten leise.

Sie schreiben eine schöne Geschichte

in ihre Hefte.

Dann holen sie schnell Schulbrote

aus den Taschen.

Endlich Pause!

1 Wie heißen die Schulfächer? Ergänze.

___athematik ___achunterricht

___usik ___eutsch ___unst

2 Was gehört zusammen? Verbinde.

In Saras Geschichte	sehr lieb.
Der Schulhund	gibt es einen Schulhund.
Benno ist	gern streicheln.
Er lässt sich	heißt Benno.

3 Ergänze die passenden Reimwörter.

Neben dem Schrank

steht die ______________________.

Unter dem Tuch

liegt ein ______________________.

In der Tasche

ist eine ______________________.

Flasche

Tank

Bank

Tasse

Buch

1 Drei Tiere haben sich in der Klasse versteckt.
Markiere die Tiere.

Klasse	Klasse	Klasse	Kamel	Klasse	Klasse
Klasse	Klasse	Klasse	Klasse	Klasse	Klasse
Klasse	Klasse	Katze	Klasse	Klasse	Klasse
Klasse	Klasse	Klasse	Klasse	Klasse	Käfer

2 In jeder Reihe ist ein falsches Wort.
Streiche diese Wörter.

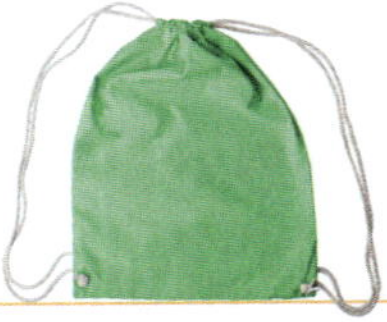

Schulhaus	Klassenbuch	Turnhalle
Schultasche	Klassenkasse	Turnbeutel
Schulmund	Klassenrat	Turnschere
Schultag	Klassenbaum	Turnhose
Schulkind	Klassenlehrer	Turnfest

3 Verbinde die gleichen Sätze.

Sam und Sara schreiben.	Sara und Siri schreiben.
Sandra und Siri schreien.	Sandra und Siri schreien.
Siri und Sam schweigen.	Sam und Sara schreiben.
Sara und Siri schreiben.	Siri und Sam schweigen.

1 Suche dir ein Kind zum Partnerlesen.

Witz

Tom hat heute verschlafen.

Er beeilt sich sehr.
Aber er kommt zu spät zur Schule.

Tom läuft schnell die Treppe hoch
zum Klassenraum der 2b.

Im Flur trifft er Frau Maier, die Direktorin.

Frau Maier sagt zu Tom:
„Zehn Minuten zu spät."

Tom antwortet: „Nicht so schlimm. Ich auch."

2 Was stimmt? Kreuze an.

- Tom und Frau Maier sind zu spät gekommen.
- Tom ist zu spät gekommen.
- Tom trifft Frau Maier im Flur.
- Tom trifft Frau Maier im Klassenraum.
- Frau Maier ist die Lehrerin.
- Frau Maier ist die Direktorin.

1 Verbinde immer zwei Silben zu einem Herbstwort.

ERN NE BLÄT KÜR RE DRA

BEL TE CHEN TER BIS GEN

2 Wie heißen die Herbstmonate richtig?

☐ Sep tam ber	☐ Ok to ber	☐ No vum ber
☐ Sep tem ber	☐ Ok ti ber	☐ No vem bir
☐ Sep tem bor	☐ Ok to bur	☐ No vem ber

3 Lies die Herbstwörter immer schneller.

Herbst	Ernte	Wal
Herbstregen	Erntedank	Walnuss
Herbstregenwetter	Erntedankfest	Walnussbaum

4 Wie viel Zeit hast du für das Lesen gebraucht?

beim 1. Mal

☐ min ☐ s

beim 4. Mal

☐ min ☐ s

1 Ergänze die Herbstwörter.

Apfel Sturm Laterne Früchte

Kartoffel Pilze Eicheln

2 Ergänze vier Wörter mit **W** und drei Wörter mit **H**.

___ind ___aselnuss ___agebutte ___olken

___eintrauben ___ald ___erbstgedicht

3 Setze die Wörter passend ein.

Winter Monate Hecke Laub Kugel

Der Igel raschelt im ________.

Er sucht ein Versteck für den ________.

Gern versteckt er sich in einer ________.

Dann rollt er sich zu einer ________.

So schläft der Igel fünf ________.

1 In jeder Reihe passt ein Wort nicht.
Streiche das Wort.

Äpfel Birnen Pflaumen Brot Trauben

Wind Stein Sturm Gewitter Regen

Kartoffeln Kohl Kartei Möhren Pilze

2 In jedem Satz ist ein Wort falsch.
Streiche das Wort. Schreibe es richtig.

Auf dem Nussbaum sind viele Küsse. ______

Im Garten blühen noch Blusen. ______

Blätter tanzen im Kind. ______

3 Welcher Satz stimmt? Kreuze an.

- ☐ Viele Kinder in der Klasse haben Schnupfen.
- ☐ Viele Rinder in der Klasse haben Schnupfen.
- ☐ Viele Kinder in der Kasse haben Schnupfen.

1 Suche dir ein Kind zum Partnerlesen.

Echt genial: der Igel

Der Igel hat auf dem Kopf und
auf dem Rücken Stacheln.

Diese Stacheln sind sehr spitz.

Mit seinen Stacheln schützt sich
der Igel vor Feinden.

Füchse sind Feinde.
Sie fressen sehr gern Igel.

Bei Gefahr rollt sich der Igel
deshalb zusammen.

Als Stachel-Kugel schreckt der Igel
seine Feinde ab.
Genial!

2 Welche Information findest du besonders
interessant? Markiere im Text.
Vergleiche mit deinem Partnerkind.

1 Welche Silbe passt nicht? Streiche die Silbe durch.

Tan	te	sin	On	te	kel
Bru	tan	der	Mut	li	ter
Va	ter	pa	En	kel	ter

2 Markiere alle Wörter mit **St** und **st**.
Lies dann den Zungenbrecher ohne Fehler immer flüssiger.

Tante Stefanie steigt in der Stube
auf den Stuhl.
Auf den Stuhl in der Stube steigt
Tante Stefanie.

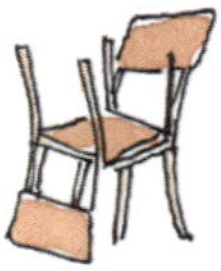

3 Wie viel Zeit hast du für das Lesen gebraucht?

beim 1. Mal

___ min ___ s

beim 4. Mal

___ min ___ s

4 Markiere das Wort mit den meisten Silben.

Großtante Urgroßvater Pflegekind Enkelin

1 Welcher Buchstabe fehlt? Trage ein.

___ ma F ___ milie Patenk ___ nd

Toch ___ er Gr ___ ßonkel Enke ___

2 Setze die Wörter passend ein.

Baby Geschwister Bruder Schwester

Der ___ schiebt den Wagen.

Das ___ schreit laut.

Die große ___ beruhigt das Baby.

Gleich sind die ___ zu Hause.

3 Was gehört zusammen? Verbinde.

Max und Moritz	beiden auch Streit.
Manchmal haben die	sind Brüder.
Dann sind die beiden	das schnell vorbei.
Zum Glück geht	voller Wut.

1 Vier Tiere haben sich bei der Familie versteckt.
Markiere die Tiere.

Familie	Familie	Frosch	Familie	Familie
Familie	Familie	Familie	Familie	Familie
Fliege	Familie	Familie	Familie	Fuchs
Familie	Familie	Familie	Faultier	Familie

2 In jedem Satz ist ein Wort zu viel.
Streiche das Wort.

Papa dann liest Mia jeden Abend vor.

Am liebsten die mag Mia das Buch über Lotta.

Lotta macht klein immer lustige Sachen.

Sie wohnt in so der Krachmacherstraße.

Mia freut sich Spaß über die Geschichten.

3 Löse die Knobelei.

Anton feiert heute seinen dritten Geburtstag.
Seine Schwester Sara ist zwei Jahre älter.
Sein Bruder Otto ist doppelt so alt wie Sara.
Wie alt ist Otto?

Otto ist ___ Jahre alt.

1 Suche dir ein Kind zum Partnerlesen.

Witz

Ronjas Papa hat viele Äpfel
vom Apfelbaum gepflückt.

Aus den Äpfeln hat er
leckeren Apfelkuchen gebacken.

Ronja hat riesigen Hunger und
setzt sich an den Tisch.

Sie mault: „Wann gibt es endlich Apfelkuchen?“

Fragt der Vater: „Na, Ronja, wie heißt denn
das kleine Zauberwort mit zwei **t**?“

Ronja überlegt ein wenig und antwortet:
„Flott?“

2 Welches Wort mit zwei **t** meint Ronjas Vater wohl?
Schreibe es auf.

BIST DU FIT?

1 Lies die Texte mehrmals.
Beantworte dann die Fragen.

Luisa und Paul erzählen von ihren Familien

Luisa

Ich wohne mit meiner Mama und meiner Oma in einem kleinen Haus am Stadtrand. An zwei Wochenenden im Monat bin ich bei Papa und meiner Stiefmutter. Sie wohnen in der Nähe auf einem Dorf. Dort lebt auch Tommy, mein kleiner Baby-Bruder. Ich liebe ihn sehr.

Paul

Wir sind eine große Familie. Ich wohne mit meinen Eltern und meinen drei älteren Schwestern in einem Haus mit einem großen Garten. Bei uns ist meistens viel los. Ich finde es schön, dass wir so viele Kinder sind. Und ich habe immer jemanden, der mit mir spielt.

2 Wie viel Zeit hast du für das Lesen gebraucht?

beim 1. Mal

___ min ___ s

beim 4. Mal

___ min ___ s

3 Was stimmt? Was stimmt nicht?
Kreuze an.

	stimmt	stimmt nicht
Luisa wohnt mit Mama und Oma zusammen. Lies in den **Zeilen 1 und 2** nach.	☐	☐
Luisas Papa wohnt auf einem Dorf. Lies in den **Zeilen 4 und 5** nach.	☐	☐
Luisa ist jedes Wochenende bei ihrem Papa. Lies in den **Zeilen 3 und 4** nach.	☐	☐
Luisa hat eine kleine Schwester. Lies in den **Zeilen 5 und 6** nach.	☐	☐

4 In welcher Zeile steht, dass in Pauls Familie viel los ist?

Zeile ☐

5 Paul findet es schön, eine große Familie zu haben.
Stimmt das? Markiere die Textstelle.

1 Bei den Märchenfiguren sind die Silben vertauscht. Schreibe die Wörter richtig.

GIN KÖ NI

XE HE

CHE DRA

2 Wie viele Märchenorte entdeckst du? Notiere.

TURM|SCHLOSSHÖHLEBURGBRUNNENWALD

Es sind ___ Märchenorte.

3 Unterstreiche in jeder Zeile, was neu dazu kommt. Lies dann die Sätze immer schneller.

Die Königin schaut.

Die böse Königin schaut.

Die böse und hartherzige Königin schaut.

Die böse und hartherzige Königin schaut in den Spiegel.

4 Wie viel Zeit hast du für das Lesen gebraucht?

beim 1. Mal

___ min ___ s

beim 4. Mal

___ min ___ s

1 Schreibe den Märchensatz vollständig auf.

Hänsel und Gretel verliefen sich im Wald.

2 Ergänze die fehlenden Wörter in den Märchensprüchen.

Ich bin so satt,

ich mag kein ______ .

Ach wie gut, dass niemand weiß,

dass ich Rumpelstilzchen ______ .

3 Welches Wort passt nicht? Streiche das falsche Wort.

Rotkäppchen triffst/trifft im Wald den Wolf.

„Wohin geht/gehst du?“, fragt der Wolf.

Rotkäppchen sagt: „Ich möchtet/möchte zur Großmutter.“

1 In jedem Satz passt ein Wort nicht.
Streiche das Wort.

Im Märchen gibt es Prinzen, Königinnen, Zauberer, Fußballerinnen, Jäger, Riesen.

Märchen spielen in Schlössern, Hexenhäusern, Hochhäusern, Wäldern, Burgen.

2 Kreuze die richtigen Sätze an.

- ☐ Schneewittchen versteckt sich bei den sieben Ziegen.
- ☐ Rotkäppchen pflückt Blumen für die Großmutter.
- ☐ Die Prinzessin ärgert sich über eine Bohne in ihrem Bett.
- ☐ Dornröschen schläft hundert Jahre.

3 Kennst du die Märchenfigur?
Ergänze die Lösung.

Es ist ein sehr schönes Mädchen.

Das Mädchen ist in einem Turm gefangen.

Das Mädchen hat sehr lange Haare.

Das Mädchen heißt ______________________.

1 Suche dir ein Kind zum Partnerlesen.

Witz

Zwei hungrige Drachen machen sich gemeinsam auf zur Futtersuche.

Sie laufen lange, sehr lange. Ihr Hunger wird immer größer.

Endlich sehen sie in der Ferne ein Schloss.

„Hoffentlich können wir uns gleich eine feine Prinzessin schmecken lassen“, sagt der eine Drache.

Doch da stellt sich dem Drachen ein Ritter in Rüstung in den Weg.

Da meint der andere Drache enttäuscht: „Mist, schon wieder Dosenfutter.“

2 Wie findest du den Witz? Ergänze.

Ich finde den Witz ______________________, weil

____

____.

1 Drehe diese Wörter um.

Ballschnee

Zapfeneis

2 Was gibt es im Winter? Kreuze an.

☐ Ni ka laus	☐ Weih nich ten	☐ Sil ves ter
☐ No ki laus	☐ Weih nach ten	☐ Sil vos ter
☐ Ni ko laus	☐ Weh nach ten	☐ Sul ves ter

3 Markiere alle Wörter mit **Vor** und **vor**.
Lies dann den Zungenbrecher ohne Fehler immer flüssiger.

Vorgestern schlich der vorbestellte Nikolaus
vor dem Vorderhaus vorbei.
Vor dem Vorderhaus schlich der vorbestellte Nikolaus
vorgestern vorbei.

4 Wie viel Zeit hast du für das Lesen gebraucht?

beim 1. Mal: ☐ min ☐ s

beim 4. Mal: ☐ min ☐ s

1 Ergänze zwei Wörter mit **Schnee-** und zwei Wörter mit **Eis-**.

____ zapfen ____ fall

____ matsch ____ bär

2 Ergänze die Nikolaussprüche.

vorbei versuchen Lieder gern

Herr Nikolaus, du kommst von fern,
wir Kinder haben dich so ____.

Eins, zwei, drei,
Niklaus, komm bei uns ____.

Nikolaus, komm immer wieder,
dann singen wir dir schöne ____.

Bringt der Niklaus Pfefferkuchen,
lassen wir ihn auch ____.

1 In jeder Reihe ist ein falsches Wort.
Streiche diese Wörter.

Eisberg	Kaminfeuer	Wollpullover
Eisbecher	Kaminschnee	Wolljacke
Eisdecke	Kaminholz	Wollknäuel
Eisheizung	Kaminofen	Wolldecke
Eisbahn	Kaminfeger	Wollsalami

2 In jedem Satz ist ein Wort zu viel.
Streiche das Wort.

Im Winter wird Eis es sehr kalt.

Für viele Tiere die kommt dann eine harte Zeit.

Auch die Vögel finden nicht genügend Hunger Futter.

Deshalb klein stellen viele ein Vogelhaus in den Garten.

3 Welche Frage passt zum Wort Schneeglöckchen?
Kreuze an.

- [ ] Welcher ist der kälteste Monat?
- [ ] Welche Blumen wachsen im Schnee?
- [ ] Wovon ernähren sich die Vögel im Winter?

1 Suche dir ein Kind zum Partnerlesen.

Echt genial: der Schneehase

Der Schneehase lebt hoch oben in den Bergen.

Doch es ist nicht leicht, den Schneehasen zu entdecken.

Der Schneehase kann sich nämlich perfekt tarnen.

Im Frühling und Sommer ist das Fell des Schneehasen grau bis braun.

Im Winter ist sein Fell schneeweiß.

So kann sich der Schneehase perfekt vor seinen Feinden verstecken.
Genial!

2 Welche Information findest du besonders interessant? Markiere im Text.
Vergleiche mit deinem Partnerkind.

1 Das können Freunde zusammen machen.
Verbinde immer zwei Silben zu einem Wort.

la spie to schwim ko bas

ben chen len chen men teln

2 Ergänze die Wörterdominos.

~~Fußball~~ Spielplatz Ballspiel

Fuß	ball				

~~Platzkarten~~ Spieluhr Kartenspiel

Platz	karten				

3 Markiere alle fünf Wörter mit **FREUND**.

Maria und Max sind befreundet. Sie spielen gemeinsam im Fußballverein. Heute haben sie ein Freundschaftsspiel mit dem Verein „Ballfreunde Freudendorf“.
Alle Spieler begrüßen sich,
niemand ist unfreundlich.
Es sind viele Fußballfreunde gekommen.

1 Ergänze **Freuden**- oder **Freund**-.

________träne ________schaft

________lichkeit ________fest

2 Ergänze die fehlenden Buchstaben.

Ich lade euch sehr herzlich zu meinem Geburtst__ __
am nächsten Sams__ag um 15 Uhr ein.
Zuerst essen wir Ku__ __en bei uns zu Hau__e.
Dann gehen wir alle __ __sammen
zum Waldspiel__ __atz. Dort können wir to__en.
Am Ab__nd gibt es dort für alle W__rstchen.
Ich freue mich auf euch
Euer Fritz

3 Was gehört zusammen? Verbinde.

Freunde sollten	auch die Versöhnung.
Geheimnisse dürfen	immer zusammenhalten.
Zum Streiten gehört	schnell beleidigt sein.
Freunde sollten nicht	nicht ausgeplaudert werden.

1 In diesem Satz passt ein Wort nicht.
Streiche das Wort.

Freunde sind zueinander freundlich, hilfsbereit, lieb, nett, grob, höflich.

2 Verbinde die gleichen Sätze.

Fritz und Franz sind beste Freunde.	Fritz und Fred sind beste Freunde.
Franz und Fritz sind feste Freunde.	Fritz und Franz sind beste Freunde.
Fritz und Fred sind beste Freunde.	Franz und Fritz sind feste Freunde.

3 Wer ist Tinas Freundin? Kreuze an.

Tinas Freundin interessiert sich sehr für Tiere. Sie treibt gern Sport und kann super lesen.

- [ ] Fiona ist im Judo-Verein. Sie liebt ihren Hund. Sie liest sehr gern dicke Bücher.
- [ ] Anna spielt gern Fußball. Sie liebt ihr Kaninchen. Das Lesen fällt ihr noch schwer.

1 Suche dir ein Kind zum Partnerlesen.

Witz

Am Samstagabend darf Luisa bei Ayse übernachten.

Sie ziehen sich ihre Schlafanzüge an und machen das Licht aus.

Erst wollen sie sich noch ein bisschen erzählen.

Da bemerkt Ayse, dass Luisa noch ihre Brille aufhat.

Sie sagt zu ihr: „Du musst noch deine Brille abnehmen.“

„Nee, nee“, antwortet Luisa. „Die brauche ich beim Schlafen.“

„Aber wozu denn?“, wundert sich Ayse.

Darauf Luisa: „Damit ich besser sehe, was ich träume.“

2 Was stimmt? Kreuze an.

- [ ] Ayse trägt eine Brille im Bett.
- [ ] Luisa trägt eine Brille im Bett.

Wer bin ich?

Berühmte Märchenfiguren gesucht!

1 Lies die Rätsel mehrmals. Schreibe dann die passenden Namen unter die Rätsel.

Hänsel Aschenputtel Schneewittchen Froschkönig

Ich bin eine sehr hübsche Prinzessin. Meine Stiefmutter mag mich nicht. Sie hatte böse Pläne gegen mich. Zum Glück konnte ich bei den sieben Zwergen wohnen.

Ich bin ein Junge. Meine Eltern sind sehr, sehr arm. Einmal habe ich mich tief im Wald verlaufen. Zum Glück war meine Schwester Gretel bei mir.

Ich bin ein glücklicher Prinz. Aber ich war eine Zeitlang verwünscht. Ich wurde durch eine schöne Prinzessin erlöst. Zum Glück war ich dann nicht mehr klein und grün.

Ich bin ein Mädchen. Meine Mutter ist gestorben. Meine Stiefmutter und meine neuen Schwestern behandeln mich sehr schlecht.

2 Wie viel Zeit hast du für das Lesen gebraucht?

beim 1. Mal

min s

beim 4. Mal

min s

3 Woran hast du die Figur erkannt?
Markiere in jedem Rätsel eine Stelle.

4 Welches ist dein liebstes Märchen?
Begründe.

Mein liebstes Märchen ist

weil

1 Drehe diese Blumen-Wörter um.

Glöckchenmai ▸ ____________________

Blümchengänse ▸ ____________________

2 Wie viele Frühlingsblumen entdeckst du?
Notiere.

TULPEKROKUSPRIMELNARZISSEVEILCHEN

Es sind ▸ __________ Frühlingsblumen.

3 Markiere alle Wörter mit **FRÜH**.
Lies dann den Zungenbrecher ohne Fehler immer flüssiger.

Früh im Frühling fangen die Frühblüher im Frühbeet
frühzeitig fröhlich an zu blühen.
Frühzeitig fangen die Frühblüher im Frühbeet
früh im Frühling fröhlich an zu blühen.

4 Wie viel Zeit hast du für das Lesen gebraucht?

beim 1. Mal

___ min ___ s

beim 4. Mal

___ min ___ s

1 Ergänze zwei Wörter mit **Oster**- und zwei Wörter mit **Früh**-.

______ jahr ______ kerze

______ lamm ______ blüher

2 Lies den Satz.
Schreibe den Satz mit richtigen Wörtern auf.

Zw___ kl___ne ___er r___sen zur Osterf___er.

______

______

3 Ergänze die fehlenden Wörter.

Osterfest Hurra Maus

Der Frühling ist da. Wir rufen: „______!“
Endlich können alle raus,
auch aus ihrem Loch die ______.
Auch die Hühnerlein im Nest
freuen sich aufs ______.

1 Fünf Tiere haben sich bei der Hecke versteckt.
Markiere die Tiere.

Hecke	Hecke	Hecke	Hecke	Hecke	Meise
Hecke	Hecke	Hase	Hecke	Hecke	Hecke
Hecke	Hecke	Hecke	Hund	Hecke	Hecke
Hecke	Hecke	Hecke	Hecke	Hecke	Hecke
Hecke	Huhn	Hecke	Hecke	Zecke	Hecke

2 Was stimmt? Kreuze an.

Der Schauer

- [ ] ist ein Regenguss.
- [ ] ist ein Mann, der schaut.
- [ ] ist ein Vogel.

Das Rotkehlchen

- [ ] ist ein Vogel.
- [ ] ist eine Frühlingsblume.
- [ ] ist ein Baum.

3 Welches Wort passt nicht?
Streiche das falsche Wort.

Im April kehren/fahren die Störche aus Afrika zurück.

Sie braten/bauen ihr Nest gern auf hohen Dächern.

In das Nest legt/wirft die Störchin drei bis fünf Eier.

Die jungen Störche schlüpfen nach etwa 30 Jahren/Tagen.

1 Suche dir ein Kind zum Partnerlesen.

Echt genial: der Storch

Jetzt im Frühling kann man wieder viele Störche entdecken.

Auch das laute Klappern der Störche ist zu hören.

Die Störche klappern mit ihren Schnäbeln.

Mit dem Klappern locken die Männchen die Weibchen.

Auch begrüßen sich die Störche gegenseitig mit lautem Klappern.

Mit lautem Klappern vertreiben die Störche Feinde von ihrem Nest. Genial!

2 Welche Information findest du besonders interessant? Markiere im Text. Vergleiche mit deinem Partnerkind.

1 In jedem Wort steckt ein Tier.
Markiere das Tier. Schreibe es auf.

Haselnuss	Kaffeehaus	Nachbarschaft

2 Welche Tiere gibt es? Kreuze an.

- [ ] Meer schwan chen
- [ ] Moor schwein chen
- [ ] Meer schwein chen
- [ ] Fels hams ter
- [ ] Held hams ter
- [ ] Feld hams ter

3 Unterstreiche in jeder Zeile, was neu dazu kommt.
Lies dann die Sätze immer schneller.

Die Katze schleicht.
Die große Katze schleicht.
Die große und getigerte Katze schleicht.
Die große und getigerte Katze schleicht umher.

4 Wie viel Zeit hast du für das Lesen gebraucht?

beim 1. Mal

___ min ___ s

beim 4. Mal

___ min ___ s

1 Was können Tiere?
Ergänze den ersten Buchstaben.

Hasen ___ oppeln. Bienen ___ ummen.
Hähne ___ rähen. Pferde ___ iehern.
Hunde ___ ellen. Vögel ___ witschern.

2 Ergänze die fehlenden Endungen.

Das Kanin ___ friss ___ sehr gern Gräs ___ ,
Heu oder Grünfutter. Auch Ob ___ und
Gemü ___ sind gu ___ für das Tie ___ .
Es knabb ___ auch viel an harten Zweig ___ .
So blei ___ seine Zäh ___ richtig schar ___ .

3 Was gehört zusammen? Verbinde.

Luis und seine Mama	Tierheim erkundigt.
Sie haben sich im	Hund gut zu ihnen passt.
Die Tierpfleger haben mit	einen Dackel, abholen.
Jetzt wissen sie, welcher	möchten einen Hund.
Morgen dürfen sie Benno,	ihnen gesprochen.

1 Markiere die seltsame Stelle im Wort.
Schreibe das Wort richtig auf.

Hautkatze   Laubkatze   Katzenallernie

2 In jedem Satz ist ein Wort zu viel.
Streiche das Wort.

Die also Hauskatze stammt von der Wildkatze ab.

Katzen sind deshalb dich sehr eigenwillig.

Manchmal wollen der sie gern schmusen.

Dann gehen weit sie wieder ihre eigenen Wege.

3 Welche Antwort passt genau? Verbinde.

Wie alt können Katzen werden?

Sie werden ungefähr drei bis sechs Kilogramm schwer.

In einem Wurf sind etwa zwei bis sieben Junge.

Die meisten erreichen ein Alter von 12 bis 14 Jahren.

1 Suche dir ein Kind zum Partnerlesen.

Echt genial: der Luchs

Luchse sind die größten Raubkatzen in Europa.

Der Luchs hat ein besonders gutes Gehör.

Eine Maus kann der Luchs schon auf eine Entfernung von 50 Metern hören.

Die Haarpinsel an seinen Ohren helfen dem Luchs dabei.

Die Haarpinsel sind eine Art Antenne für den Luchs.

Mit ihrer Hilfe kann der Luchs erkennen, wo ein Geräusch herkommt.
Genial!

2 Welche Information findest du besonders interessant? Markiere im Text.
Vergleiche mit deinem Partnerkind.

1 Welche Silbe passt nicht? Streiche diese Silbe durch.

Un ti garn   Dä ne so mark   Po len ki

2 Lies die Wörtertreppe immer schneller.
Schreibe weiter.

Griechen	Eisen
Griechenland	Eisenbahn
Griechenlandflagge	Eisenbahn ________

Kreuz	Finn
Kreuzfahrt	Finnland
Kreuzfahrtschiff	Finnland ________

3 Wie viel Zeit hast du für das Lesen gebraucht?

beim 1. Mal

___ min ___ s

beim 4. Mal

___ min ___ s

4 Wie viele Wörter hat der Spruch? Notiere.

WENN|EINEREINEREISEMACHT,
DANNKANNERVIELERLEBEN.

Der Spruch hat ________ Wörter.

1 Ergänze die Speise-Wörter.

Pizza **Piroggen** **Döner** **Sushi**

2 Ergänze die fehlenden Wörter.

Stäbchen Holz Land

In China, einem riesigen ____________,

ist manches anders als in Deutschland.

Zum Beispiel essen die Chinesen mit

____________.

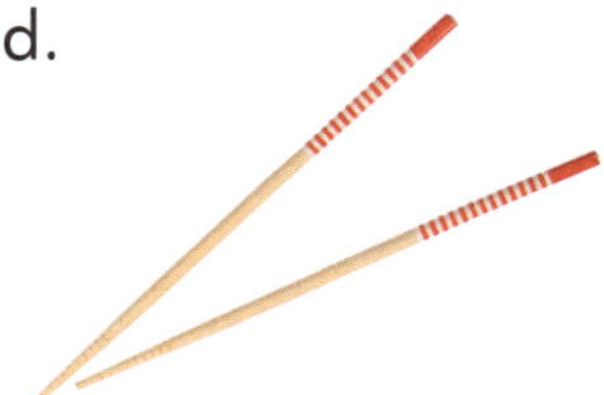

Diese sind oft aus ____________.

3 Verbinde die Satzteile. Schreibe den Satz auf.

Einmal im Monat Tom und seine Familie

in ein arabisches Restaurant. gehen

____

____

1 In jeder Reihe ist ein falsches Wort.
Streiche diese Wörter.

Wohnhaus	Rathaus	Haustür
Wohnwagen	Baumhaus	Hausboot
Wohnung	Rothaus	Haushalt
Wohnland	Wohnhaus	Haushaut
Wohnzimmer	Krankenhaus	Haustreppe

2 Nur ein Satz stimmt. Kreuze an.

- ☐ Ein Iglu ist ein Haus um Schnee.
- ☐ Ein Iglu ist eine Haut aus Schnee.
- ☐ Ein Iglu ist ein Haus aus Schnee.
- ☐ Ein Iglu ist ein Haus aus Schein.

3 Welche Satzpaare sind wirklich gleich?
Kreuze an.

☐ Manche Menschen haben ein Hausboot.
Manche Menschen haben ein Hausboot.

☐ Die Inuit in Grönland können Iglus bauen.
Die Inuit in Grünland können Iglus bauen.

☐ Im Dschungel gibt es Baumhäuser.
Im Dschungel gibt es Baumhäuser.

1 Suche dir ein Kind zum Partnerlesen.

Witz

Im Sachunterricht berichten die Kinder über ferne Länder.

Da fragt Frau Keller die Klasse:
„Was ist weiter weg, Italien oder der Mond?“

Marek muss nicht lange nachdenken und meldet sich sofort:

„Italien ist natürlich viel weiter weg.“

„Aber Marek, wie kommst du denn darauf?“, fragt Frau Keller leicht erstaunt.

Marek erklärt ihr: „Den Mond kann ich jeden Abend sehen, Italien aber nicht!“

2 Wie findest du den Witz? Ergänze.

Ich finde den Witz ____________________, weil

____

____

____

BIST DU FIT?

1 Lies den Text mehrmals. Beantworte dann die Fragen.

Ein Hamster als Haustier?

Hamster sind muntere, kleine Nagetiere. Sie bewegen sich schnell in ihrem Gehege, graben und klettern geschickt. Es macht Spaß, Hamster zu beobachten. Auch sehen sie sehr niedlich aus. Viele Kinder wünschen sich deshalb einen Hamster als Haustier. Aber ist das wirklich eine gute Idee?

Hamster sind nachtaktive Tiere. Das heißt, sie schlafen am Tag. Laute Kinderstimmen oder Musik stören sie beim Schlafen. Wenn sie aus dem Gehege geholt und geweckt werden, können sie schon einmal kratzen oder beißen. Aktiv werden Hamster erst am Abend oder in der Nacht. Dabei machen sie in ihrem Gehege auch einigen Lärm.

Tierexperten raten deshalb Familien mit Kindern davon ab, einen Hamster als Haustier zu halten.

2 Wie viel Zeit hast du für das Lesen gebraucht?

beim 1. Mal	beim 4. Mal
___ min ___ s	___ min ___ s

3 Was erfährst du über Hamster? Kreuze an.

Hamster sind

- ☐ schnell.
- ☐ Kletterkünstler.
- ☐ niedlich.
- ☐ groß.
- ☐ wie Kuscheltiere.
- ☐ Nagetiere.

4 Lies im ersten Abschnitt nach.
Ergänze den Satzanfang.

Es macht Spaß, ______________________

____

5 Warum finden es Tierexperten nicht gut, wenn Familien mit Kindern Hamster als Haustiere halten? Lies im zweiten Abschnitt nach.
Ergänze den Text.

Hamster sind nachtaktiv. Sie schlafen also am __________.

Wenn Hamster geweckt und aus dem __________

geholt werden, können sie schon einmal beißen oder

__________.

1 Das alles kann man lesen, aber die Silben sind vertauscht.
Schreibe die Wörter richtig.

CHER BÜ SACH ______________________

TEN GE SCHICH ______________________

BER BUCH ZAU ______________________

2 Ergänze die Wörterdominos.

~~Laubwald~~ Tierbuch Waldtier

Laub	wald				

~~Kinderspiel~~ Filmfest Spielfilm

Kinder	spiel				

3 Wie viele Bücher liegen in Toms Regal?
Kreuze an.

LESEBUCH|KUSCHELTIERKRIMIBÜCHEREI
AUSWEISGRUSELBUCHLESEZEICHEN

☐ 3 ☐ 4 ☐ 5

1 Ergänze die Namen der berühmten Buchfiguren.

Das S ____ ms   Die kleine ____ exe   Der Grüffel ____

Die Bie ____ Maja   P ____ ppi L ____ strumpf

2 Ergänze drei Wörter mit **Buch-** und drei Wörter mit **Film-**.

____ schauspieler   ____ staben

____ vorführung   ____ lesung

3 Lies die Sprüche übers Lesen. Ergänze die passenden Reimwörter.

Witzebuch   Essen   Gruselbuch

Will ich mich mal fürchten, huch,

greife ich zum ____.

Hab ich Lust auf feines ____,

ins Kochbuch schauen, nicht vergessen.

1 Ein Wort in jedem Satz ist falsch.
Streiche es durch. Schreibe das Wort richtig daneben.

Im Märchenbuch
lebt der Prinz
in einem Schluss. ▸ ____________________

Im Kochtuch gibt es
tolle Rezepte. ▸ ____________________

Ronja schaut gern
Bierfilme. ▸ ____________________

2 Welche Überschrift passt zum Text? Kreuze an.

- ☐ Keine Lust aufs Lesen
- ☐ Leseratten-Leseklub
- ☐ Wie man Comics zeichnet

Michel, Mario und Sina haben einen Leseklub.
Sina liest am liebsten Kinderkrimis.
Mario hat eine Vorliebe für Bücher über den Weltraum.
Er mag aber auch gern Kinderzeitschriften.
Michel ist Comicspezialist. Er liest diese nicht
nur gern, sondern versucht auch selbst,
Comics zu zeichnen.

1 Suche dir ein Kind zum Partnerlesen.

Echt genial: der Buchfink

Der Buchfink kommt in Europa
ganz besonders häufig vor.

Doch woher kommt sein Name?
Kann der Buchfink Bücher lesen?

Nein, der kleine Vogel kann natürlich nicht lesen.

Aber der Buchfink liebt die Samen
der Buchen, die Bucheckern.

Bucheckern und andere Samen
sind nicht leicht zu knacken.

Aber der dreieckige Schnabel
des Buchfinks kann das perfekt.
Genial!

2 Welche Information findest du besonders
interessant? Markiere im Text.
Vergleiche mit deinem Partnerkind.

1 Welche Silbe passt nicht ins Gruselwort?
Streiche diese Silbe durch.

Ge spens ro ter

Gän ro se haut

Mons pe ter

Vam ser pi re

2 Markiere alle Wörter mit **Gr** und **gr**. Lies dann die Zungenbrecher ohne Fehler immer flüssiger.

Gruselige Graugänse grüßen gründlich
grausige Graupapageien.
Gründlich grüßen grausige Graupapageien
gruselige Graugänse.

Greta aus Graz gruselt sich
vor grinsenden Grizzlys in Gruselfilmen.
Vor grinsenden Grizzlys in Gruselfilmen
gruselt sich Greta aus Graz.

3 Wie viel Zeit hast du für das Lesen gebraucht?

beim 1. Mal

min s

beim 4. Mal

min s

4 Markiere das Wort mit den meisten Silben.

Monsterkindergarten Vampirumhang
Spinnenspagetti Fledermausmaske

1 Was machen die Gespenster?
Ergänze die Verben.

h ___ schen   rass ___ n   ___ lappern

er ___ recken   ___ lopfen   flie ___ en

2 Verbinde jede Scherzfrage mit der richtigen Antwort.

Wer verdient Geld, ohne auch nur einen Tag zu arbeiten?	Die Fledermaus.
Womit hört die NACHT auf und fängt der TAG an?	Der Nachtwächter.
Welche Maus kann in der Nacht fliegen?	Das Bettzeug.
Was liegt nachts im Bett und kann nicht schlafen?	Mit einem T.

3 Was gehört zusammen? Verbinde.

Bettgespenster verstecken	die Heulgespenster.
Mitternachts weinen	liebsten Schulgespenster.
Küchengespenster naschen	nachts im Kühlschrank.
Im Klassenraum toben am	sich in Federbetten.

1 Nur ein Wörterpaar ist wirklich gleich.
Kreuze an.

☐ Kellergeist / Kellergeist	☐ Vampirzahn / Vampirzehn	☐ Mondlicht / Mondsicht

2 Welche Frage passt zur Antwort? Verbinde.

Wann wachen die Gespenster auf?
Was mögen Vampire besonders gern?
Was benutzen Hexen zum Fliegen?
Wo befindet sich die Gespensterschule?

Blut ist ihr Lieblingsgetränk.

3 Lies genau. Markiere drei Unterschiede in jedem Text.

Lieber Gespensterbruder,

das Spukhotel ist sehr alt
und unheimlich.
Ich konnte schon
viele Gäste erschrecken.
Der Vollmond scheint
jede Nacht.

Viele rasselnde Grüße
von deinem
Gespensterschwesterchen

Lieber Gespensterbruder,

das Spukhotel ist sehr groß
und unheimlich.
Ich konnte schon
viele Gäste erschrecken.
Der Halbmond scheint
jede Nacht.

Viele rasselnde Küsse
von deinem
Gespensterschwesterchen

1 Suche dir ein Kind zum Partnerlesen.

Witz

In einem alten Schlosshotel läuft ein Gast verzweifelt durch die langen Flure.

Da kommt ihm ein kleines Gespenst entgegen.

Das Gespenst fängt laut an zu jammern:

„Schon seit über 700 Jahren muss ich hier in diesem alten Schloss hausen. Fürchterlich!“

„Wie gut, Sie sind meine Rettung“, freut sich der Gast.

„Dann wissen Sie ja sicher, wo hier die Herrentoiletten sind.“

2 Wie findest du den Witz? Ergänze.

Ich finde den Witz ____________________, weil

____

____

____

1 Drehe diese Wörter um.

Lichtsonnen

Strandsand

2 Welche der langen Wörter gibt es wirklich? Kreuze an.

- [ ] Himbeerkuchenrezept
- [ ] Nussschokoladeneisbecher
- [ ] Früchtekartoffeleistee
- [ ] Orangennudellimonade

3 Wie oft kannst du das Wort **Sommertag** lesen? Unterstreiche die Wörter. Kreuze dann an.

SOMMERSONNESOMMERTAGSOHN

SAHNESOBALDSOMMERSONNESOLL

SOMMERTAGSINDSAGENSORGENSO

SINNSOMMERTAGSANDKASTENSEIN

- [ ] 2
- [ ] 3
- [ ] 4

1 Ergänze zwei Wörter mit **Eis**- und drei Wörter mit **Ei**-.

________ gelb   ________ tee   ________ er

________ schrank   ________ dechse

2 Welches Reimwort passt? Markiere.

Heute ist es ziemlich heiß.
Alle Kinder rufen: „Mais/Eis/Reis!“

Alle Kinder wollen raus,
keiner bleibt mehr drin im Maus/Laus/Haus.

Tolles Wetter, welche Wonne,
strahlend scheint die liebe Sonne/Kolonne/Tonne.

3 Verbinde die Satzteile. Schreibe den Satz auf.

An heißen Tagen | ein Gewitter

gibt es manchmal | mit Blitz und Donner.

____

____

1 Welche Buchstaben wurden im unteren Wort verändert? Markiere sie.

URLAUBSORT OSTSEE SPREEWALD

URLAUBSART OSTFEE SPREEWAND

2 Verbinde jede Frage mit der richtigen Antwort.

Machst du in den Ferien eine Reise?	Mir gefällt besonders der Waldspielplatz.
Welche Ausflüge macht ihr?	Nein, wir bleiben hier und machen Ausflüge.
Was gefällt dir besonders im Wald?	Ausflüge machen wir gern in den Wald.

3 Wie könnte das Spiel heißen? Kreuze an.

- [ ] Waldentdecker
- [ ] Waldlauf
- [ ] Verstecken im Wald

Ein Spieler legt fünf Dinge aus dem Wald (Eichenblatt, Baumrinde, Blume, Stein, ...) auf den Boden. Alle anderen versuchen nun, die gleichen Dinge zu finden. Wer zuerst alle fünf Dinge gefunden hat, hat gewonnen.

1 Suche dir ein Kind zum Partnerlesen.

Echt genial: der Marienkäfer

Marienkäfer sind nicht nur besonders hübsche kleine Käfer.

Marienkäfer sind auch sehr nützliche Insekten.

Die kleinen Marienkäfer fressen nämlich sehr gern Läuse.

Läuse saugen den Saft aus den Pflanzen.
Dann sterben die Pflanzen.

Marienkäfer fressen bis zu 50 Läuse am Tag.

Wenn Marienkäfer die Läuse fressen, ist das gut für die Pflanzen.
Genial!

2 Welche Information findest du besonders interessant? Markiere im Text.
Vergleiche mit deinem Partnerkind.

BIST DU FIT?

1 Lies die Texte mehrmals.
Beantworte dann die Fragen.

Kostbarer Wald

Der Wald ist eine kostbare Welt für uns Menschen.
So kannst du den Wald schützen:

- Sei leise, so störst du die Tiere nicht.
- Beschädige keine Pflanzen.
- Nimm nur mit, was auf dem Boden liegt (zum Beispiel Hölzchen und Blätter).
- Beobachte die Tiere ganz vorsichtig.
- Lass keinen Müll liegen.

Tiere im Wald

Im Wald ist es so wunderschön,
man kann ganz viele Tiere seh'n.

Der Hase hoppelt schnell vorbei.
Ein Reh springt weg. Nein, es sind zwei!

Im Dickicht grunzt des Wildschweins Frau.
Der Fuchs verkriecht sich in dem Bau.

2 Wie viel Zeit hast du für das Lesen gebraucht?

beim 1. Mal

☐ min ☐ s

beim 4. Mal

☐ min ☐ s

3 Was sind das für Texte? Kreuze an.

Kostbarer Wald ist
- ☐ ein Sachtext.
- ☐ ein Gedicht.

Tiere im Wald ist
- ☐ ein Sachtext.
- ☐ ein Gedicht.

4 Welche Gemeinsamkeiten haben beide Texte? Kreuze an.

Es geht um
- ☐ Eulen.
- ☐ den Wald.
- ☐ Regeln im Wald.

5 Was stimmt für **Kostbarer Wald**? Was stimmt für **Tiere im Wald**? Kreuze an.

	Kostbarer Wald	Tiere im Wald
Der Text erklärt, wie man den Wald schützen kann.	☐	☐
Der Text beschreibt Tiere im Wald.	☐	☐

Der 1-Minute-Lesetest

1 Lies den Text so oft, bis du es schaffst,
den Text in einer Minute zu lesen.
Mache für jedes Mal Lesen einen Strich
in dem gelben Kasten. ||||

Freibad

Endlich ist der Sommer da.

Viele Kinder lieben es, jetzt in ein Freibad zu gehen.

Im Freibad kann man nicht nur im Wasser
schwimmen und toben.

Man trifft dort auch andere
Kinder und spielt zusammen.

Auf einer Decke kann man
sich ausruhen und ein Buch lesen.

Und wie köstlich schmeckt
ein leckeres Eis auf der Zunge.

Ja, so ein Tag im Freibad ist einfach genial!

Ich habe nach ______ Mal Lesen geschafft,
den Text in einer Minute zu lesen.

Lösungsseiten

Seite 3
Nr. 1 offene Aufgabe
Nr. 2 individuelle Lösung
Nr. 3 Anton – Tierbuch, Moritz – Liederbuch, Lea – Lesebuch, Nala – Gruselbuch

Seite 4
Nr. 1 der Kleber, die Tasche, das Schulbrot
Nr. 2 Turnhalle, Pausenhof, Klassenraum
Nr. 3 Alle Schülerinnen und Schüler arbeiten leise. Sie schreiben eine schöne Geschichte in ihre Hefte. Dann holen sie schnell Schulbrote aus den Taschen. Endlich Pause!

Seite 5
Nr. 1 Mathematik, Sachunterricht, Musik, Deutsch, Kunst
Nr. 2 In Saras Geschichte – gibt es einen Schulhund. Der Schulhund – heißt Benno. Benno ist – sehr lieb. Er lässt sich – gern streicheln.
Nr. 3 Neben dem Schrank steht die Bank. Unter dem Tuch liegt ein Buch. In der Tasche ist eine Flasche.

Seite 6
Nr. 1 Kamel, Katze, Käfer
Nr. 2 ~~Schulmund~~, ~~Klassenbaum~~, ~~Turnschere~~
Nr. 3 Satz 1 – Satz 3, Satz 2 – Satz 2, Satz 3 – Satz 4, Satz 4 – Satz 1

Seite 7
Nr. 1 offene Aufgabe
Nr. 2 Tom ist zu spät gekommen.
Tom trifft Frau Maier im Flur.
Frau Maier ist die Direktorin.

Seite 8
Nr. 1 Ern-te, Ne-bel, Blät-ter, Kür-bis, Re-gen, Dra-chen
Nr. 2 September, Oktober, November
Nr. 3 offene Aufgabe
Nr. 4 individuelle Lösung

Seite 9
Nr. 1 Apfel, Sturm, Laterne, Früchte, Kartoffel, Pilze, Eicheln
Nr. 2 Wind, Haselnuss, Hagebutte, Wolken, Weintrauben, Wald, Herbstgedicht
Nr. 3 Der Igel raschelt im Laub. Er sucht ein Versteck für den Winter. Gern versteckt er sich in einer Hecke. Dann rollt er sich zu einer Kugel. So schläft der Igel fünf Monate.

Seite 10
Nr. 1 ~~Brot~~, ~~Stein~~, ~~Kartei~~
Nr. 2 ~~Küsse~~, Nüsse; ~~Blusen~~ Blumen; ~~Kind~~, Wind
Nr. 3 Viele Kinder in der Klasse haben Schnupfen. (Satz 1)

Seite 11
Nr. 1 offene Aufgabe
Nr. 2 offene Aufgabe

Seite 12
Nr. 1 ~~sin~~ Tante, ~~tan~~ Bruder, ~~pa~~ Vater, ~~te~~ Onkel, ~~li~~ Mutter
Nr. 2 Tante Stefanie steigt in der Stube auf den Stuhl. Auf den Stuhl in der Stube steigt Tante Stefanie.
Nr. 3 individuelle Lösung
Nr. 4 Urgroßvater

Seite 13
Nr. 1 Oma, Familie, Patenkind, Tochter, Großonkel, Enkel
Nr. 2 Der Bruder schiebt den Wagen. Das Baby schreit laut. Die große Schwester beruhigt das Baby. Gleich sind die Geschwister zu Hause.
Nr. 3 Max und Moritz – sind Brüder. Manchmal haben die – beiden auch Streit. Dann sind die beiden – voller Wut. Zum Glück geht – das schnell vorbei.

Seite 14
Nr. 1 Frosch, Fliege, Fuchs, Faultier
Nr. 2 ~~dann~~, ~~die~~, ~~klein~~, ~~so~~, ~~Spaß~~
Nr. 3 Otto ist zehn/10 Jahre alt.

Seite 15
Nr. 1 offene Aufgabe
Nr. 2 Bitte

Seiten 16/17
Nr. 1 offene Aufgabe
Nr. 2 individuelle Lösung
Nr. 3 Luisa wohnt mit Mama und Oma zusammen: stimmt; Luisas Papa wohnt auf einem Dorf: stimmt; Luisa ist jedes Wochenende bei ihrem Papa: stimmt nicht; Luisa hat eine kleine Schwester: stimmt nicht
Nr. 4 Zeile 4
Nr. 5 Ich finde es schön, dass wir so viele Kinder sind. (Zeile 5)

Seite 18
Nr. 1 Königin, Hexe, Drache
Nr. 2 Es sind sechs/6 Märchenorte.
Nr. 3 Die böse (1) und hartherzige (2) Königin schaut in den Spiegel (3).
Nr. 4 individuelle Lösung

Seite 19
Nr. 1 Hänsel und Gretel verliefen sich im Wald.
Nr. 2 Ich bin so satt, ich mag kein Blatt.
Ach wie gut, dass niemand weiß, dass ich Rumpelstilzchen heiß.
Nr. 3 ~~triffst~~, ~~geht~~, ~~möchtet~~

Seite 20
Nr. 1 ~~Fußballer~~, ~~Hochhäusern~~
Nr. 2 Rotkäppchen pflückt Blumen für die Großmutter.
Dornröschen schläft hundert Jahre.
Nr. 3 Das Mädchen heißt Rapunzel.

Seite 21
Nr. 1 offene Aufgabe
Nr. 2 individuelle Lösung

Seite 22
Nr. 1 Schneeball, Eiszapfen
Nr. 2 Nikolaus, Weihnachten, Silvester
Nr. 3 Vorgestern schlich der vorbestellte Nikolaus vor dem Vorderhaus vorbei. Vor dem Vorderhaus schlich der vorbestellte Nikolaus vorbei.
Nr. 4 individuelle Lösung

Seite 23
Nr. 1 Eiszapfen, Schneefall, Schneematsch, Eisbär
Nr. 2 Herr Nikolaus, du kommst von fern, wir Kinder haben dich so gern. Eins, zwei, drei, Niklaus komm bei uns vorbei. Nikolaus, komm immer wieder, dann singen wir dir schöne Lieder. Bringt der Niklaus Pfefferkuchen, lassen wir ihn auch versuchen.

Seite 24
Nr. 1 ~~Eisheizung~~, ~~Kaminschnee~~, ~~Wollsalami~~
Nr. 2 ~~Eis~~, ~~die~~, ~~Hunger~~, ~~klein~~
Nr. 3 Welche Blumen wachsen im Schnee?

Seite 25
Nr. 1 offene Aufgabe
Nr. 2 individuelle Lösung

Seite 26
Nr. 1 la-chen, spie-len, to-ben, schwim-men, ko-chen, bas-teln
Nr. 2 (Fuß|ball) – Ball|spiel – Spiel|platz
(Platz|karten) – Karten|spiel – Spiel|uhr
Nr. 3 befreundet, Freundschaftsspiel, Ballfreunde, unfreundlich, Fußballfreunde

Seite 27
Nr. 1 Freudenträne, Freundschaft, Freundlichkeit, Freudenfest
Nr. 2 Geburtstag, Samstag, Kuchen, zu Hause, zusammen, Waldspielplatz, toben, Abend, Würstchen
Nr. 3 Freunde sollten – immer zusammenhalten. Geheimnisse dürfen – nicht ausgeplaudert werden. Zum Streiten gehört – auch die Versöhnung. Freunde sollten nicht – schnell beleidigt sein.

Seite 28
Nr. 1 ~~grob~~
Nr. 2 Satz 1 – Satz 2, Satz 2 – Satz 3, Satz 3 – Satz 1
Nr. 3 Fiona ist im Judo-Verein. Sie liebt ihren Hund. Sie liest sehr gern dicke Bücher.

Seite 29
Nr. 1 offene Aufgabe
Nr. 2 Luisa trägt eine Brille im Bett.

Seiten 30/31
Nr. 1 Schneewittchen, Hänsel, Froschkönig, Aschenputtel
Nr. 2 individuelle Lösung
Nr. 3 individuelle Lösung
Nr. 4 individuelle Lösung

Seite 32
Nr. 1 Maiglöckchen, Gänseblümchen
Nr. 2 Es sind fünf/5 Frühlingsblumen.
Nr. 3 Früh im Frühling fangen die Frühblüher im Frühbeet frühzeitig fröhlich an zu blühen. Frühzeitig fangen die Frühblüher im Frühbeet früh im Frühling fröhlich an zu blühen.
Nr. 4 individuelle Lösung

Seite 33
Nr. 1 Frühjahr, Osterkerze, Osterlamm, Frühblüher
Nr. 2 Zwei kleine Eier reisen zur Osterfeier.
Nr. 3 Der Frühling ist da. Wir rufen „Hurra“. Endlich kommen alle raus, auch aus ihrem Loch die Maus. Auch die Hühnerlein im Nest freuen sich aufs Osterfest.

Seite 34
Nr. 1 Das Rotkehlchen ist ein Vogel.
Der Schauer ist ein Regenguss.
Nr. 2 Meise, Hase, Hund, Huhn, Zecke
Nr. 3 ~~fahren~~, ~~braten~~, ~~wirft~~, ~~Jahren~~

Seite 35
Nr. 1 offene Aufgabe
Nr. 2 individuelle Lösung

Seite 36
Nr. 1 Hase, Affe, Barsch
Nr. 2 Meerschweinchen, Feldhamster
Nr. 3 Die große (1) und getigerte (2) Katze schleicht umher (3).
Nr. 4 individuelle Lösung

Seite 37
Nr. 1 Hasen hoppeln. Bienen summen. Hähne krähen. Pferde wiehern. Hunde bellen. Vögel zwitschern.
Nr. 2 Das Kaninchen frisst sehr gern Gräser, Heu oder Grünfutter. Auch Obst und Gemüse sind gut für das Tier. Es knabbert auch viel an harten Zweigen. So bleiben seine Zähne richtig scharf.
Nr. 3 Luis und seine Mama – möchten einen Hund.
Sie haben sich im – Tierheim erkundigt.
Die Tierpfleger haben mit – ihnen gesprochen.
Jetzt wissen sie, welcher – Hund gut zu ihnen passt. Morgen dürfen sie Benno, – einen Dackel, abholen.

Seite 38
Nr. 1 Hautkatze – Hauskatze, Laubkatze – Raubkatze, Katzenallernie – Katzenallergie
Nr. 2 ~~also~~, ~~dich~~, ~~der~~, ~~weit~~
Nr. 3 Die meisten erreichen ein Alter von 12 bis 14 Jahren.

Seite 39
Nr. 1 offene Aufgabe
Nr. 2 individuelle Lösung

Seite 40
Nr. 1 ~~ti~~ – Ungarn, ~~so~~ – Dänemark, ~~ki~~ – Polen,
Nr. 2 individuelle Lösung
Nr. 3 individuelle Lösung
Nr. 4 Der Spruch hat zehn/10 Wörter.

Seite 41
Nr. 1 Pizza, Piroggen, Döner, Sushi
Nr. 2 In China, einem riesigen Land, ist manches anders als in Deutschland. Zum Beispiel essen die Chinesen mit Stäbchen. Diese sind oft aus Holz.
Nr. 3 Einmal im Monat gehen Tom und seine Familie in ein arabisches Restaurant.

Seite 42
Nr. 1 ~~Wohnland~~, ~~Rothaus~~, ~~Haushaut~~
Nr. 2 Ein Iglu ist ein Haus aus Schnee.
Nr. 3 Manche Menschen haben ein Hausboot.
Im Dschungel gibt es Baumhäuser.

Seite 43
Nr. 1 offene Aufgabe
Nr. 2 individuelle Lösung

Seiten 44/45
Nr. 1 offene Aufgabe
Nr. 2 individuelle Lösung
Nr. 3 Hamster sind schnell, Kletterkünstler, niedlich, Nagetiere
Nr. 4 Es macht Spaß, Hamster zu beobachten.
Nr. 5 Hamster sind nachtaktiv. Sie schlafen also am Tag. Wenn Hamster geweckt und aus dem Gehege geholt werden, können sie schon einmal beißen oder kratzen.

Seite 46
Nr. 1 Sachbücher, Geschichten, Zauberbuch
Nr. 2 (Laub|wald) – Wald|tier – Tier|buch
(Kinder|spiel) – Spiel|film – Film|fest
Nr. 3 3 (Lesebuch, Krimi, Gruselbuch)

Seite 47
Nr. 1 Das Sams – Die kleine Hexe – Der Grüffelo – Die Biene Maja – Pippi Langstrumpf
Nr. 2 Filmschauspieler, Buchstaben, Filmvorführung, Buchlesung
Nr. 3 Will ich mich mal fürchten, huch, greife ich zum Gruselbuch. Hab ich Lust auf feines Essen, ins Kochbuch schauen, nicht vergessen.

Seite 48
Nr. 1 ~~Schluss~~ – Schloss, ~~Kochtuch~~ – Kochbuch, ~~Bierfilme~~ – Tierfilme
Nr. 2 Leseratten-Leseklub

Seite 49
Nr. 1 offene Aufgabe
Nr. 2 individuelle Lösung

Seite 50
Nr. 1 ~~ro~~ – Gespenster, ~~ro~~ – Gänsehaut, ~~pe~~ – Monster, ~~ser~~ – Vampire

Nr. 2 Gruselige Graugänse grüßen grausige Graupapageien gründlich. Gründlich grüßen grausige Graupapageien gruselige Graugänse.
Greta aus Graz gruselt sich vor grinsenden Grizzlys in Gruselfilmen. Vor grinsenden Grizzlys in Gruselfilmen gruselt sich Greta aus Graz.
Nr. 3 individuelle Lösung
Nr. 4 Monsterkindergarten

Seite 51
Nr. 1 huschen, rasseln, klappern, erschrecken, klopfen, fliegen
Nr. 2 Wer verdient Geld, ohne auch nur einen Tag zu arbeiten? – Der Nachtwächter. | Womit hört die NACHT auf und fängt der Tag an? – Mit einem T. | Welche Maus kann in der Nacht fliegen? – Die Fledermaus. | Was liegt nachts im Bett und kann nicht schlafen? – Das Bettzeug.
Nr. 3 Bettgespenster verstecken – sich in Federbetten. Mitternachts weinen – die Heulgespenster.
Küchengespenster naschen – nachts im Kühlschrank. Im Klassenraum toben am – liebsten Schulgespenster.

Seite 52
Nr. 1 Kellergeist
Nr. 2 Was mögen Vampire besonders gern?
Nr. 3 alt/groß, Vollmond/Halbmond, Grüße/Küsse

Seite 53
Nr. 1 offene Aufgabe
Nr. 2 individuelle Lösung

Seite 54
Nr. 1 Sonnenlicht, Sandstrand
Nr. 2 Himbeerkuchenrezept, Nussschokoladeneisbecher
Nr. 3 3

Seite 55
Nr. 1 Eigelb, Eistee, Eier, Eisschrank, Eidechse
Nr. 2 Eis, Haus, Sonne
Nr. 3 An heißen Tagen gibt es manchmal ein Gewitter mit Blitz und Donner.

Seite 56
Nr. 1 URLAUBSART, OSTFEE, SPREEWAND
Nr. 2 Machst du in den Ferien eine Reise? – Nein, wir bleiben hier und machen Ausflüge. | Welche Ausflüge macht ihr? – Ausflüge machen wir gern in den Wald. | Was gefällt dir besonders am Wald? – Mir gefällt besonders der Waldspielplatz.
Nr. 3 Waldentdecker

Seite 57
Nr. 1 offene Aufgabe
Nr. 2 individuelle Lösung

Seiten 58/59
Nr. 1 offene Aufgabe
Nr. 2 individuelle Lösung
Nr. 3 *Kostbarer Wald* ist ein Sachtext.
Tiere im Wald ist ein Gedicht.
Nr. 4 Es geht um den Wald.
Nr. 5

	Kostbarer Wald	Tiere im Wald
Der Text erklärt, wie man den Wald schützen kann.	x	
Der Text beschreibt Tiere im Wald.		x

Seite 60
Nr. 1 individuelle Lösung

Bildquellenverzeichnis

S. 4 u.re.: Shutterstock.com/MvanCaspel; **S. 5**: Shutterstock.com/WuPMedia; **S. 6**: Shutterstock.com/Konrad Mostert; **S. 9**: Shutterstock.com/Robert Kneschke; **S. 10**: stock.adobe.com/Sergey; **S. 11**: Shutterstock.com/Eric Isselee; **S. 14**: Shutterstock.com/Ruth Black; **S. 16** Paul: Shutterstock.com/Valua Vitaly; **S. 16** Luisa: Shutterstock.com/Tom Wang; **S. 18**: Shutterstock.com/italianestro; **S. 21**: Shutterstock.com/Amanita Silvicora; **S. 23**: Shutterstock.com/gillmar; **S. 24** m.: Shutterstock.com/Artur_eM; **S. 24** u.: Shutterstock.com/Nella; **S. 25**: Shutterstock.com/Andrei Stepanov; **S. 26**: Shutterstock.com/Liubov Fediashova; **S. 27**: Shutterstock.com/Treter; **S. 28**: Depositphotos/Monkey Business; **S. 33** Eier: Shutterstock.com/Lana U; **S. 34**: Shutterstock.com/clarst5; **S. 35**: mauritius images/Michael Breuer; **S. 36**: Shutterstock.com/Eric Isselee; **S. 37**: Shutterstock.com/Dep Converse; **S. 39**: Shutterstock.com/Eric Isselee; **S. 40**: stock.adobe.com/Sebastian; **S. 41**: Shutterstock.com/Yellow Cat; **S. 42**: Shutterstock.com/Vova Shevchuk; **S. 44** o.: Shutterstock.com/Elya Vatel; **S. 44** m.: Depositphotos/Aleksey Milovanov; **S. 49** m.: Shutterstock.com/clarst5; **S. 49** u.: Depositphotos/Robert Leßmann; **S. 50**: Shutterstock.com/Nadya Buyanowa; **S. 51**: Shutterstock.com/Rudmer Zwerver; **S. 52**: stock.adobe.com/Olga Lyubkin; **S. 57**: Shutterstock.com/mehmetkrc